BEI GRIN MACHT SICH IHR WISSEN BEZAHLT

- Wir veröffentlichen Ihre Hausarbeit,
  Bachelor- und Masterarbeit

- Ihr eigenes eBook und Buch -
  weltweit in allen wichtigen Shops

- Verdienen Sie an jedem Verkauf

Jetzt bei www.GRIN.com hochladen
und kostenlos publizieren

Bibliografische Information der Deutschen Nationalbibliothek:

Die Deutsche Bibliothek verzeichnet diese Publikation in der Deutschen National-
bibliografie; detaillierte bibliografische Daten sind im Internet über http://dnb.d-
nb.de/ abrufbar.

Impressum:

Copyright © 2010 GRIN Verlag, Open Publishing GmbH
Druck und Bindung: Books on Demand GmbH, Norderstedt Germany
ISBN: 9783640617326

Dieses Buch bei GRIN:

http://www.grin.com/de/e-book/150218/sucht-in-der-familie

Katharina Hilberg

Sucht in der Familie

GRIN Verlag

GRIN - Your knowledge has value

Der GRIN Verlag publiziert seit 1998 wissenschaftliche Arbeiten von Studenten, Hochschullehrern und anderen Akademikern als eBook und gedrucktes Buch. Die Verlagswebsite www.grin.com ist die ideale Plattform zur Veröffentlichung von Hausarbeiten, Abschlussarbeiten, wissenschaftlichen Aufsätzen, Dissertationen und Fachbüchern.

Besuchen Sie uns im Internet:

http://www.grin.com/

http://www.facebook.com/grincom

http://www.twitter.com/grin_com

Sucht in der Familie

Inhaltsverzeichnis

1. Familie im Wandel – früher und heute

Die Familie hat eine wichtige Sozialisationswirkung. Sie vermittelt Werte und Normen, strukturiert, ordnet und bewertet Erfahrungen, dient als Umweltvermittler, unterstützt bei der Erschließung des ökologischen Angebots und hat einen enormen Einfluss auf den Umfang und die Qualität der Sozial- und Lernerfahrungen. Zudem spielen der Erziehungsstil in der Familie, das Familienklima und die Positionen der Familienmitglieder eine wichtige Rolle.[1]

Seit den letzten fünf Jahrzehnten fällt auf, dass die Institution Familie tragende Strukturwandlungen durchmacht. Die Kernfamilie, wie man sie früher kannte – bestehend aus Vater, Mutter und in der Regel zwei Kinder-, ist heutzutage nicht mehr typisch und selbstverständlich vorzufinden. Früher sorgte die Mutter für den Haushalt, kümmerte sich um die Kinder und der Mann verdiente das Geld. Nicht gerade selten lebten mehrere Familienmitglieder in einer 1-Zimmer-Wohnung. Noch bis in die 1960er Jahren war die Lebensform Ehe für 90% der Erwachsenen selbstverständlich und gehörte zum Leben dazu. Jedoch kommt es seit den 1960er Jahren zu einem Bedeutungsverlust der Institution Familie. Nicht nur, dass heutzutage immer weniger Erwachsene heiraten, auch immer weniger Kinder werden geboren und die Berufstätigkeit der Frau nimmt zu. Die Gestaltung eines selbstbestimmten Lebens rückt stärker in den Vordergrund. Durch diese Veränderungen finden wir in der Gesellschaft eine breite Vielfalt von Pluralisierung und Individualisierung der Familienformen wieder, die immer selbstverständlicher werden. Diese reichen von ehelichen und nichtehelichen Lebensgemeinschaften, alleinerziehende Eltern (vor allem alleinerziehende Mütter), Wohngemeinschaften mit Kindern, getrennt lebende Eltern über Patchworkfamilien und wiederverheirateten Eltern mit Kindern und Stiefkindern. Die Zahl der Familien mit relativ schlechten Sozialisationsbedingungen steigt durch soziale und ökonomische Benachteiligung, Trennung und Scheidung weiter an.[2]

Die Rolle der Eltern als soziale Vorbilder und Ansprechpersonen spielt gerade in einer sich stetig verändernden Gesellschaft mit immer neuen Anforderungen eine tragende Rolle. In der heutigen Zeit sind die Anforderungen an die Erziehung stark gewachsen. Neben einer Pluralisierung und Individualisierung von Lebensformen werden die Entscheidungs- und Handlungsprozesse immer komplexer. Orientierungslosigkeit, Verunsicherung und Unübersichtlichkeit spiegeln sich in der Gesellschaft wieder. Soziale und kulturelle Sicherheiten schwinden, soziale Unterstützungsnetzwerke der Menschen werden löcherig, handlungsleitende Werte werden unverbindlicher und Lebenskonstruktionen sind störanfällig. Es gibt keine oder nur wenige vorbestimmte Lebensbahnen und Diskontinuitäten und Unübersichtlichkeiten des Lebens wachsen. Dadurch kann es zu Überforderungen im Alltag für Familienmitglieder kommen.

2. Risiko- und Schutzfaktoren

Wenn man über Abhängigkeitskrankheiten in der Familie spricht, ist es wichtig, diese nicht als ein autonomes System zu betrachten. Jede Familie ist in ein soziales und ökonomisches Umfeld eingebunden, das eine Vielzahl von Einflüssen auf die Familie ausübt. Treten Störungen oder Probleme auf (z.B. weil sich ein Familienmitglied den gesellschaftlichen Anforderungen und Erwartungen nicht mehr gewachsen sieht), kann es vorkommen, dass die Betroffenen zu anderen Substanzen wie Medikamenten, Alkohol oder Drogen greifen. Die

---

[1] Vgl. Hurrelmann, Klaus und Unverzagt, Gerlinde; 2000; S.127-137
[2] Vgl. Bundeszentrale für gesundheitliche Aufklärung; 1999; S.26-29

Familie kann also auf der einen Seite ein Risikofaktor für die Entstehung von Abhängigkeiten, aber auch ein Schutzfaktor gegen Abhängigkeiten und Missbrauch sein.

In einer Familie ist es wichtig, füreinander da zu sein, zusammenzuhalten, Verantwortung zu übernehmen, Familienmitglieder anzuerkennen und wertzuschätzen, Zuwendung und Liebe zu geben und füreinander Sorge zu tragen. Enge persönliche Bindungen, Kameradschaft, Solidarität und Liebe stabilisieren die Familienbeziehungen. Störungen in den Beziehungsabläufen der Familie können die Identitätsbildung beeinträchtigen. Familienmitglieder mit verschlossenen, ängstlichen, sensiblen und leicht verletzbaren Persönlichkeiten, die zudem eine geringe Frustrationstoleranz haben, sind oftmals empfänglicher für Risikofaktoren, als starke und gefestigte Persönlichkeiten. Abhängigkeitskrankheiten in der Familie stellen für Familienmitglieder eine fast unerträgliche Belastung dar. So kann es zu Verzweiflung, psychischen Zusammenbrüchen, Schuld- und Schamgefühlen, finanziellen Nöten, Aufopferung und Demütigung kommen.[3]

Für Kinder und Jugendliche ist es besonders schwer, wenn ihre Eltern bspw. drogen- oder alkoholabhängig sind. Eltern übernehmen eine wichtige Vorbildfunktion und Verantwortung. Die Bundeszentrale für gesundheitliche Aufklärung nennt folgende mögliche Risikofaktoren in der Familie:

1. „Auflösung der Familie und Suchtrisiko

- Die Familie vermittelt keine Werte und Normen mehr, das bedeutet Orientierungslosigkeit, mehr Drogenkonsum und höheres Suchtrisiko für alle.
- Die Familie vermittelt keine Vorbilder (Modellverhalten) mehr, das bedeutet höheres Suchtrisiko für die Jugend.
- Die Familie bietet keine Ressourcen, Netzwerke, Solidarität mehr, das bedeutet höheres Suchtrisiko für alle.

2. Gestörte Familien und Suchtrisiko

- Unvollständige Familien (ex broken home): „Scheidungsfamilien", „vater-/mutterlose Familien", „Stieffamilien", „Karrierefamilien" etc. sind Familienformen, die zu Vernachlässigung und Bindungslosigkeit der Kinder und Jugendlichen führen können, dann droht das Suchtrisiko.
-
3. Familiäre Erziehungsstile und Suchtrisiko
Suchtgenerierende Erziehungsstile

- repressiv,
- gleichgültig,
- over-protective/ heated (übermäßig schützend/ überhitzt),
- permissiv,
- pseudoharmonisch (Familismus)

4. Familientraumata in der Kindheit und Suchtrisiko

- Macht, Gewalt und sexueller Missbrauch (besonders bei Frauen)

---

[3] Vgl. Bundeszentrale für gesundheitliche Aufklärung; 1999; S.27-29

4

5. Familie, gesellschaftliche Strukturzwänge und Suchtrisiko

- Familie und defavorisiertes Sozialmilieu (Wohnverhältnisse, Armut)
- Familie und Wirtschaftskrise, Arbeitslosigkeit."[4]

Im Gegensatz dazu gibt es auch einige Schutzfaktoren in der Familie:

- positive Selbstwertgefühle, Zukunftserwartungen, religiöse Einstellungen, Unterstützung durch Eltern, Schule und Freunde,
- familienfreundliche Werte, Normen, Orientierungen, Vorbilder, Modelle, Ressourcen, Netzwerke, Solidarität, Sozialverhältnisse, vollständige Familien, richtige Erziehungsstile, die Abwesenheit von Familientrauma,
- Solidarität, positive Lebenseinstellung, Bewältigungsstrategien, soziale Kompetenzen, Zusammenhalt, Liebe, Verantwortung, Anerkennung, Wertschätzung.[5]

3. Formen von Sucht in der Familie

In der BRD gibt es ca. 2,5 Millionen Alkoholgefährdete und Alkohlkranke und insgesamt ca. sechs Millionen von der Krankheit mittelbar und unmittelbar Betroffene. Damit gemeint ist das soziale Umfeld, also die Familie[6].

Eine einfache Darstellung dieser Problematik ist nicht möglich, da Betroffenheit und Sucht in der Familie vielfältig sein kann[7]. Das bedeutet, dass Suchtmittelgebrauch und Abhängigkeit in ihr unterschiedliche Formen annehmen kann. Hier gilt auch, was sich allgemein bezüglich der Sucht aufzeigen lässt: Neben der stoffgebundenen Abhängigkeit existieren auch stoffungebundene Verhaltensstörungen. Die WHO unterscheidet innerhalb der stoffgebundenen Abhängigkeiten, jene von illegalen Drogen wie Cannabis, Halluzinogenen, Betäubungsmitteln, Aufputschmitteln, Synthetische Drogen und solche von legalen Drogen, wie Alkohol, Medikamente, Schnüffelstoffe und Nikotin bzw. Tabak auf. Unter den stoffungebundenen Verhaltensstörungen werden Esstörungen, Fernsehsucht, Kaufsucht, Arbeitssucht, Spielsucht, Geltungssucht/ Habsucht/ Machtsucht sowie Sexsucht und andere Störungen aufgezählt.

Neben der Form und Art der Abhängigkeit des Familienmitglieds oder der Familienmitglieder, spielt es eine entscheidende Rolle welche und wie viele Familienmitglieder von der Suchterkrankung betroffen sind. Folglich kann man zwischen Suchterkrankungen beider Eltern oder eines Elternteils und dem Suchtmittelmissbrauch der Kinder und Jugendlichen unterscheiden[8].

Viele Untersuchungen weisen darauf hin, dass wir es also mit sehr unterschiedlichen Gruppen von Menschen im Zusammenhang der Suchtbelastung in der Familie zu tun haben, die zwar Gemeinsamkeiten, jedoch auch Unterschiede aufweisen. Diese liegen wie bereits erwähnt z.B. darin, ob ein Elternteil abhängig ist oder beide abhängig sind. Wenn nur ein Elternteil betroffen ist, ist es bedeutsam zu erfragen welcher Elternteil betroffen ist, Vater oder Mutter. Zudem ist es entscheidend, ob neben der Suchterkrankung noch andere Störungen bei den Eltern vorliegen[9]. Es macht zudem einen Unterschied, ob die Eltern oder der Elternteil noch

---

[4] Vgl. Bundeszentrale für gesundheitliche Aufklärung; 1999; S.29-30
[5] Vgl. Bundeszentrale für gesundheitliche Aufklärung; 1999; S.30
[6] Vgl. Lindemann, S.31.
[7] Sowohl bezüglich der Stärke und der Art der Suchterkrankung als auch bezüglich der Auswirkungen und Folgen.
[8] Vgl. Kuntz (2005), S. 47.
[9] Dies ist besonders bedeutsam bei einer antisozialen Persönlichkeitsstörung.

abhängig sind oder seit Jahren drogenfrei leben. Auch das Geschlecht der betroffenen Kinder spielt in diesem Zusammenhang eine Rolle[10]. Es ist somit zwingend erforderlich, dieses Problem und das damit verbundene Geschehen in der Familie in seinem Gesamtzusammenhang zu betrachten.

4. Folgen und Auswirkungen

In Deutschland leben über 2,5 Millionen Kinder unter 18 Jahren, die mit mindestens einem suchtkranken Elternteil aufwachsen. Diese Kinder leiden häufig unter kognitiven Einschränkungen sowie sozialen, psychischen und körperlichen Belastungen[11]. Für Kinder ist es unglaublich belastend, in einer Familie aufzuwachsen, in der der Vater oder die Mutter oder gar beide von Alkohol oder anderen Drogen abhängig sind.
Zunächst sind Kinder suchtkranker Eltern stark gefährdet, selbst abhängig zu werden. Man kann davon ausgehen, dass ein Kind umso stärker in seiner seelischen und sozialen Entwicklung gestört wird, je jünger es in der Krankheitsphase des suchtkranken Elternteils ist. Die Suchtkrankheit besetzt in der Familienstruktur bzw. im Familiensystem einen derartig großen Raum, dass für kaum etwas anderes Platz bleibt; vor allem nicht für das Kind und seine Bedürfnisse. Je jünger das Kind ist, desto weniger findet es Gelegenheiten, in denen es Geborgenheit, Sicherheit und Bindungen erfährt. Im Gegenteil, überwiegend erfährt es Kälte, Unsicherheit, Isolation und Einsamkeit, distanzierte Bedürfnisbefriedigung und keine Identifikation im Sinne seiner Ich-Entwicklung. Oftmals wird es noch nicht einmal mit dem Nötigsten versorgt. Deshalb zählen schwere schizoide Störungen zu weiteren Folgen für die Kinder aus suchtbelasteten Familien. Zudem kommt das Kind auch in späteren Entwicklungsphasen zu kurz. Seine Ängste, Verwirrtheit und Überforderung wird häufig nicht wahrgenommen oder sogar als angenehm empfunden[12].
Setzt die Suchtphase des Elternteils zu einem späteren Zeitpunkt ein, in dem das Kind schon eine tragfähige psychische Reife entwickelt hat, setzt dennoch eine starke seelische Belastung ein, denn die Erkrankung trifft es in seiner Solidarität zur Familie. Das größere Kind wird in den Isolationsprozess der Familie miteinbezogen. Es wird am dem Prozess der Verheimlichung, des Vertuschens und der Scham und Schuld beteiligt. Dies hat Auswirkung auf seine sozialen Kontakte, die infolge stark belastet werden. Es bricht seine sozialen Kontakte ab, was so weit gehen kann, dass es eher nachlassende Schulleistungen und das Sitzenbleiben in Kauf nimmt, als sich jemandem anzuvertrauen. Es kommt auch vor, dass das Kind die Sündenbockrolle zugewiesen bekommt, die es aufgrund seines gefühlten Schuldanteils an der Situation schließlich auch übernimmt. Zudem muss es gegen Versprechungen und Drohungen das Suchmittel heimlich besorgen[13].
Unumstritten ist zudem, dass die Sucht eines Elternteils bzw. der Eltern, mit all ihren Spannungen, Konflikten und Ängsten, bereits auf das ungeborene Kind einwirkt[14]. Die Suchterkrankung der Eltern wird wahrscheinlich[15] nicht ohne Folgen auf die Entwicklung des ungeborenen Kindes bleiben. Zu nennen sind körperliche Schäden, auch diejenigen die durch körperliche Misshandlung geschehen. Die Auftretenswahrscheinlichkeit von Gewalt liegt in Familien mit Suchtproblemen deutlich höher als in der übrigen Bevölkerung.

[10] Vgl. Lindemann (2006), S. 16.
[11] Vgl. Lindemann (2006), S. 41.
[12] Vgl. Lindemann(2006), S.25-26.
[13] Vgl. Lindemann (2006), S.27-28
[14] Vgl. Lindemann (2006), S. 19.
[15] Die Wahrscheinlichkeit für das Auftreten von Störungen ist hoch, jedoch nicht zwangsläufig.

Entwickelt sich in einer Familie eine Sucht, hat dies auch bedeutsame Auswirkung auf die Rollen der Kinder in dem Familien- und Suchtsystem. Es kommt zu Rollenveränderungen (der Familienmitglieder). Bei Kindern führt dies dazu, dass sie sich der neuen Situation anpassen und langanhaltende Überlebensstrategien entwickeln. Strategien äußern sich in beobachtbaren Verhaltensweisen, so dass Kinder aus suchtbelasteten Familien spezielle Rollen in dem Familiensystem übernehmen. Unterscheidet man diese Verhaltensweisen, kristallisieren sich acht Typen bzw. Rollen heraus, die jedoch nicht eindeutig zu kategorisieren sind, jedoch Muster[16] aufzeigen.

Zunächst zu unterscheiden ist das „verantwortungsvolle Kind". Es übernimmt die Aufgaben der Eltern oder eines Elternteils und erhält dadurch positive Aufmerksamkeit. Daraus kann sich das ständige Bedürfnis entwickeln, Erfolg haben zu müssen und anerkannt zu werden. Folgen können sein, dass ein zwanghafter Ehrgeiz entwickelt wird, außerdem das Gefühl für alles verantwortlich sein zu müssen und keine Fehler machen zu dürfen. Solch ein Kind ist im Erwachsenenalter häufig anfällig für Formen der Arbeitssucht.

Daneben gibt es noch das „rebellische Kind". Es bezieht das Chaos innerhalb der Familie auf sich und lebt seine Schuldgefühle und Verletzungen durch abweichendes Verhalten aus. Es ist feindselig und häufig trotzig. Es verstrickt sich immer tiefer in Schuldgefühle, was zur Folge hat, dass das Kind später immer und überall in Schwierigkeiten gerät und auch eigenes Suchtverhalten entwickelt.

Eine dritte Rolle ist die des „verlorenen Kindes". Dieses Kind ist unauffällig, weil es sich bedeutungslos und zurückgewiesen fühlt und häufig an Einsamkeit leidet. Es setzt sich von sich aus an die zweite Stelle und hat Probleme mit Entscheidungen. Es hat häufig wenig Freunde und leidet oft an Übergewicht. In der Schule ist dieses Kind oft schweigsam, still und ein typischer Einzelgänger.

Daneben gibt es „das Familienkasper-Kind". Es zeichnet sich dadurch aus, dass es aus Angst verlassen zu werden, die Aufmerksamkeit auf sich richtet. Es schafft Erleichterung und Entspannung durch Komik. Als mögliche folgende Annzeichen dieser Strategie sind Hyperaktivität, Lernstörungen und kurze Aufmerksamkeitsspannen zu benennen. Diese Anpassungsstrategie kann zu Magengeschwüren führen, denn dieses Kind hat Schwierigkeiten bei der Stressverarbeitung. Es bleibt oft unreif und zwanghaft komisch.

Eine weitere Überlebensstrategie ist die des „harmonischen Kindes". Es spielt Probleme und Konflikte herunter, ist verständnisvoll, immer einfühlsam und kann gut zuhören. Eine mögliche Folge für das Erwachsenenalter kann sich darin äußern, dass dieser Mensch Probleme bekommt, eigene Bedürfnisse wahrzunehmen und durchzusetzen.

Eine weitere Möglichkeit der Anpassung zeigt das „über-erwachsene Kind" auf. Es ist sehr selbstkritisch und kontrolliert seine Gefühle bis zur Verleugnung. Entspannung und sich wohlfühlen fällt ihm schwer. Es zeichnet sich dadurch aus, dass es sich emotional viel älter fühlt, als es wirklich ist. Folglich fällt diesem Menschen als Erwachsener die Erfahrung, je ein Kind gewesen zu sein.

Darüber hinaus gibt es das „distanzierte Kind". Seine Strategie wird durch den Wunsch geprägt durch nichts und niemanden verletzbar zu sein. Die Auswirkungen der elterlichen Sucht werden geleugnet und Gefühle betäubt und unterdrückt. Ein Kind das diese Rolle und damit verbunden Strategie angenommen hat, kann keine Problemlösestrategien entwickeln. Es läuft vor Konflikten davon und kapselt sich ab.

Zuletzt sollte die Rolle des „unverletzten Kindes" aufgeführt und beschrieben werden. Dies sind Kinder, die ihre Verletzungen in ihrer suchtbelasteten Familie nicht leugnen, sondern ihre Verletzungen- ohne sie als Schwäche zu empfinden- zugeben. Diese Kinder sind am ehesten in der Lage die Situation zu verändern und ihren Stress abzubauen. Sie zeigen eine recht normale Entwicklung[17].

---

[16] Überschneidungen sind hierbei möglich.
[17] Vgl. Lindemann(2006), S.21-24.

Die Suchterkrankung der Eltern bzw. eines Elternteils hat auch Folgen für die geschlechtsspezifische Entwicklung. Kinder beiden Geschlechts können nur sehr schwer lernen, wie sich das eigene und das andere Geschlecht als erwachsener Mensch verhält. Gemeinsam ist beiden Geschlechtern, sich mit ihren Bedürfnissen, ihrer Rollenfindung und Lebensbewältigung nicht melden zu können oder zu dürfen. Außerdem kommt es zu einer späten oder gar keiner Ablösung aus der Familie[18]. Festzuhalten bleibt, dass die Folgen und die Auswirkungen auf das spätere Leben und die Entwicklung der Kinder individuell verschieden sind.

5. Unterstützungsangebote und Präventionsmaßnahmen

Es gibt zahlreiche und vielfältige Möglichkeiten von Hilfsangeboten, um die Betroffenen wieder in die Gesellschaft einzugliedern und den Ausschluss aus der Gesellschaft zu verhindern. Dies sind beispielsweise: Suchtpräventionsarbeit, Suchtberatungsstellen, Selbsthilfegruppen, stationäre Selbsthilfeeinrichtungen, Suchtfachkliniken, ambulante Therapien, Wohngemeinschaften, betreutes Wohnen, Gesundheitsämter/ Methadon-Ambulanz, AIDS-Hilfe, Hausarzt/ Facharzt/ Betriebsarzt, berufliche Rehabilitationsarbeit. Auf einige im Zusammenhang der Suchtprävention und der Sucht in der Familie bedeutende Hilfen möchten wir nun etwas genauer eingehen.

Bezogen auf eine **Suchtprävention in der Familie**, lassen sich personenbezogene und strukturelle Maßnahmen unterscheiden. Zu den personenbezogenen Maßnahmen gehören die Durchführung von Fortbildungsmaßnahmen, die Kooperation, die Vernetzung, die Initiierung neuer bzw. innovativer Angebote, Information und Massenmedien. Lobbying für strukturelle Maßnahmen stellen folgende Punkte dar: Anwaltschaft, „Politik für das Kind", gesellschaftlichen Diskurs mitgestalten, Kompetenz einbringen, Consulting für Schlüsselpersonen und Forschung initiieren[19]. Zudem sollte man vor Betrachtung spezieller Hilfsangebote die Elternbildung als soziale und kulturelle Ressource anführen. Das Ziel hierbei ist die Erweiterung von Handlungsspielräumen (in der Familie, nach außen). Es zeigt sich, dass die unterschiedlichen Therapieschulen durchgängig den familialen Faktoren einen hohen Stellenwert für die Erklärung der Suchtgenese und für die Suchtbehandlung zuweisen. Deutlich wird, dass in der Entwicklung von geeigneten Zugangswegen zu den Eltern eine der Zukunftsaufgaben für die Weiterentwicklung einer familienorientierten Prävention und Frühintervention liegt.

Beratungsstellen: In fast jeder Stadt gibt es Beratungsstellen, bei denen man sich Hilfe holen kann. Die Anschriften der Beratungsstellen sind sowohl im Internet als auch im Telefonbuch zu finden. Jeder Mensch kann eine solche Beratung in Anspruch nehmen, egal ob man selbst abhängig oder ein Angehöriger ist. Das Fachpersonal setzt sich aus Pädagogen, Sozialarbeitern, Ärzten und Psychologen zusammen.[20] Die Mitarbeiter einer Beratungsstelle müssen Vertrauenspersonen sein, unterliegen der Schweigepflicht und dürfen keine Informationen des Gesprächs an die Polizei oder andere Angehörige weitergeben. Die Beratungsangebote sind

---

[18] Vgl. Lindemann (2006), S. 29.

[19] Vgl. Rabeder, Ingrid; Institut Suchtprävention: Elternbildung in der Suchtprävention- Ansatzpunkte, Möglichkeiten und Grenzen. URL: http://www.praevention.at/upload/documentbox/Vortrag_Elternbildung_Bielefeld_9.11.04.pdf - (download am 25.02.2010)

[20] Vgl. Hurrelmann, Klaus und Unverzagt, Gerlinde; 2000; S.185-186

kostenlos. Ob man sich nun telefonisch beraten lässt, eine Beratungsstelle aufsucht oder on-line beraten lässt, ist jedem individuell überlassen.[21]

Selbsthilfegruppen: Selbsthilfegruppen sind Personengruppen, die sich aus Abhängigen und ehemals Abhängigen zusammensetzen. Zudem haben auch Angehörige und Freunde von Abhängigen die Möglichkeit solche Gruppen aufzusuchen. Alle Teilnehmer haben das Ziel einer abstinenten Lebensführung. Durch offene Gespräche unterstützen sie sich gegenseitig, indem sie ihre Erfahrungen austauschen, sich Mut machen, Halt geben und bei der Entwicklung neuer Lebensinhalte helfen. Dabei wird zwischen stationären und offenen Selbsthilfegruppen unterschieden. Manche Selbsthilfegruppen werden zudem von professionellen Beratern begleitet.[22]

Elternkreise: In den Elternkreisen tauschen sich Eltern über ihre Erfahrungen, Erlebnisse, Fehler und Erfolge aus und unterstützen sich gegenseitig, um einen Weg aus der Krise zu finden. Elternkreise bieten eine gute Möglichkeit, offen über Befürchtungen, Probleme, Sorgen, Ängste zu sprechen und ihre unnütze Suche nach Schuld zu beenden. Dabei ist es oft sehr hilfreich zu sehen, dass es auch andere Eltern gibt, denen es genauso geht. Wichtig ist es, sich zu den Abhängigen zu bekennen. Eltern versuchen, sich gegenseitig zu unterstützen und füreinander da zu sein. Oft ist es entlastend, zu erfahren, dass es gemeinsam leichter und erträglicher ist, was allein aussichtslos scheint. In einer verständnisvollen Atmosphäre lernen sie, Situationen und Gespräche zu verstehen, neue Kraft und Zuversicht zu schöpfen und sich den Problemen zu stellen.[23]

Daneben gibt es noch weitere Helfersystem, die häufig bereits im Vorfeld einer stationären Therapie zur Rate gezogen werden. Hierzu zählen die Familienhilfe, das Jugendamt, ambulante Suchthilfeeinrichtungen und der Sozialpsychiatrische Dienst[24].
In diesem Zusammenhang ist darauf hinzuweisen, dass es unterschiedliche Behandlungssettings, d.h. stationäre und ambulante Behandlung im Bereich des Substanzmittelmissbrauchs und der Abhängigkeit gibt.

Diese isolierte Darstellung der Hilfsangebote soll jedoch die Notwendigkeit einer Optimierung der Zusammenarbeit zwischen den Hilfesystemen, insbesondere der Suchtkrankenhilfe, der Kinder- und Jugendhilfe und den medizinischen Diensten, nicht verleugnen. Um wirkungsvolle Interventionen zu erreichen, muss arbeitsfeldübergreifend kooperiert werden. Dies bedeutet auch, dass Lehrer, Erzieher, Sozialarbeiter, Pädagogen, Lehrer, Ärzte und Psychologen verbindlich zusammen arbeiten müssen[25].

[21] Vgl. Knoll, Andreas; 2002; S.128-130
[22] Vgl. Hurrelmann, Klaus und Unverzagt, Gerlinde; 2000; S.186
[23] Vgl. Hurrelmann, Klaus und Unverzagt, Gerlinde; 2000; S.184-185
[24] Vgl. Lindemann, S.31.
[25] Vgl. Lindemann, S. 41-42.

6. Literatur

- Bundeszentrale für gesundheitliche Aufklärung (1999): Starke Kinder brauchen starke Eltern; Köln

- Hinze, Klaus/ Annemarie, Jost (2006): Kindeswohl in alkoholbelasteten Familien als Aufgabe der Jugendhilfe. Freiburg: Lambertus- Verlag.

- Hurrelmann, Klaus und Unverzagt, Gerlinde (2000): Wenn es um Drogen geht...; Verlag Herder Freiburg im Breisgau

- Knoll, Andreas (2002): Sucht - Was ist das?; Blaukreuz-Verlag Wuppertal und Blaukreuz-Verlag Bern

- Kuntz, Helmut (2005): Das Suchtbuch. Was Familien über Drogen und Suchtverhalten wissen müssen. Weinheim: Beltz-Verlag.

- Lindemann, Frank (2006): Den Suchtkreislauf durchbrechen: Hilfen für Kinder aus suchtbelasteten Lebensgemeinschaften. 2. Auflage. Geesthacht: Neuland.

- Petermann, Harald/ Müller, Harry/ Kersch, Brigitte/ Röhr, Michael (1997): Erwachsen werden ohne Drogen- Ergebnisse schulischer Drogenprävention. Weinheim: Juventa-Verlag.

Weblinks

- http://www.ingwi.de/html/wie_wirkt_sich_die_abhangigkei.html

- Rabeder, Ingrid; Institut Suchtprävention: Elternbildung in der Suchtprävention-Ansatzpunkte, Möglichkeiten und Grenzen. URL: http://www.praevention.at/upload/documentbox/Vortrag_Elternbildung_Bielefeld_9.1 1.04.pdf (download am 25.02.2010)